Noah Sow (ed.)

GERMAN HUMOUR

Noah Sow (ed.)

GERMAN HUMOUR.

1. Auflage

Herstellung und Verlag:
BoD – Books on Demand, Norderstedt
ISBN 978-3-7386-2046-7

Bibliografische Information der Deutschen Nationalbibliothek.
Die Deutsche Nationalbibliothek verzeichnet diese Publikation
in der Deutschen Nationalbibliografie.

Deutscher Humor
Das Original
Softcover Book &
laughably priced e-book
ISBN 978-3-7386-1973-7

German Humour
book and e-book
ISBN 978-3-7386-2046-7